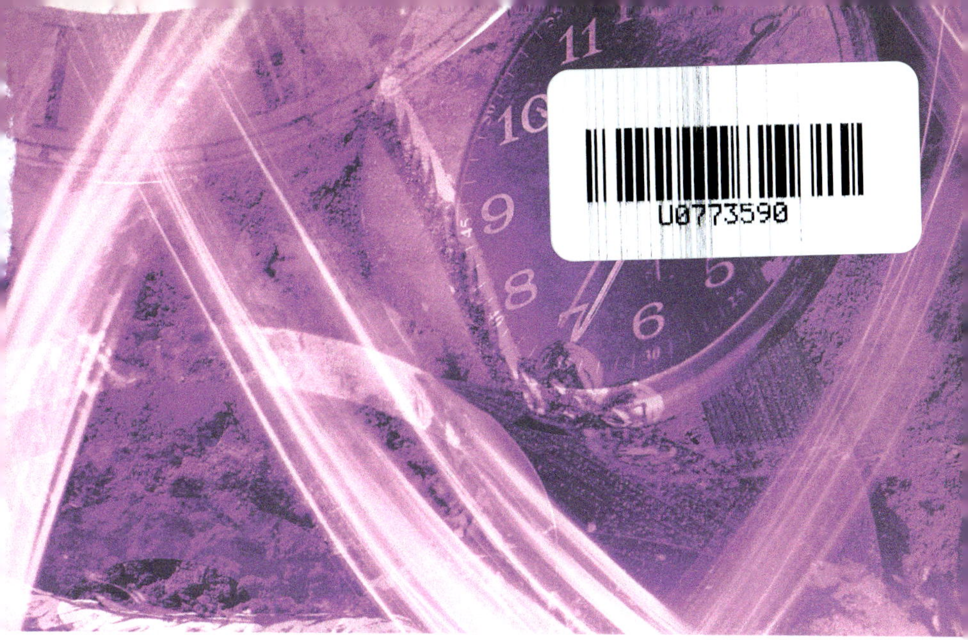

美国国立卫生研究院（NIH）数据共享政策

>>> 顾立平等 编

·北京·

图书在版编目(CIP)数据

美国国立卫生研究院（NIH）数据共享政策 / 顾立平等编. —北京：科学技术文献出版社，2017.12
ISBN 978-7-5189-3359-4

Ⅰ. ①美… Ⅱ. ①顾… Ⅲ. ①数据共享—信息政策—研究—美国 Ⅳ. ① G203

中国版本图书馆 CIP 数据核字（2017）第 234263 号

美国国立卫生研究院（NIH）数据共享政策

策划编辑：崔灵菲　责任编辑：王瑞瑞　责任校对：文　浩　责任出版：张志平

出 版 者	科学技术文献出版社
地　　　址	北京市复兴路15号　邮编 100038
编 务 部	（010）58882938，58882087（传真）
发 行 部	（010）58882868，58882874（传真）
邮 购 部	（010）58882873
官 方 网 址	www.stdp.com.cn
发 行 者	科学技术文献出版社发行　全国各地新华书店经销
印 刷 者	虎彩印艺股份有限公司
版　　　次	2017 年 12 月第 1 版　2017 年 12 月第 1 次印刷
开　　　本	850×1168　1/32
字　　　数	32 千
印　　　张	2.125
书　　　号	ISBN 978-7-5189-3359-4
定　　　价	22.00 元

版权所有　违法必究

购买本社图书，凡字迹不清、缺页、倒页、脱页者，本社发行部负责调换

Preface 前言

　　科技信息开放共享是国家创新发展的重要方向之一,也是国际科学社群高度关注的政策议题。对此,我国政府给予了高度重视。李克强总理在出席全球研究理事会2014年北京大会时指出,支持科技成果开放共享、保护支持产权及鼓励和培养青年科学家,是契合全球科学发展的现实需求和未来方向的。中国科学院及国家自然科学基金委员会也在2014年5月共同发布各自的公共资金资助科研成果的论文,实施开放获取的政策声明。

　　科技信息开放共享还意味着开放科研数据行动的实施。事实上,科研数据是数字化科研时代的重要战略资源,完善的数据共享政策可以为科研数据管理提供良好的指导,并且对于科研数据开放共享的实践具有积极的推动作用。早在2003年,德国、法国、意大利等国的科研机构就在德国柏林联合签署了由德国马普学会发起的《关于自然科学与人文科学资源的开放获取的柏林宣言》(Open Access to Knowledge in the Sciences and Humanities)。该宣言强调对于学术论文、教育资源、科研数据进行开放共享,呼吁各国科研机构向网络使用者免费开放更多科学资源。经济合作与发展组织（OECD）于2006年颁布的《OECD关于公共资助的科研数据获取的指导方针和原则》指出，开放性意味着在同等条件下，国际研究界以最低的成本——最好不超过传播的边际成本来获取科研数据。公共资助的科研数据的公开获取应该是容易获取的、及时的、对用户友好的，并且最好是基于互联网的。英国皇家学会在2012年5月发布的《科学是开放事业》的报告中指出，发布科学理论、实验和观察数据是其他人判断、同意、拒绝、理解该项工作的基础，政府应制定科研数据开放政策，并支持相关软件工具的开发和人员技能的培训等工作。开放科研数据是大势所趋，国外相关机构已经制定了许多数据开放共享政策，并且拥有相应的管理实践经验。

科学数据开放共享的积极措施由来已久，其中，基因组数据涉及国家安全、学术伦理、个人隐私、商业利益并且超越传统意义上的知识产权和开放获取的概念边界。美国国立卫生研究院（NIH）发布的一系列政策及颁布政策之前对各方意见征询的做法或可借鉴，故整理编译有关信息。本书的初稿由郭进京、彭乃珠、宋忠惠进行编译，顾立平进行校对和注释，又在众多材料的基础上，选择NIH具有业界影响力的政策文本进行编辑。感谢NIH公布并以知识共享许可的方式对文本进行传播。建议读者在NIH官网上查询这些政策内容并且进行适当引用。

Contents 目录

第1章 美国国立卫生研究院基因组数据共享政策序言 1
  1.1 引言 1
  1.2 范围和适用性 2
  1.3 数据共享计划 4
  1.4 非人类和模式生物基因数据 6
  1.5 人类基因数据 7
  1.6 研究人员获取和利用基因数据的责任 18
  1.7 知识产权 21
  1.8 总结 22

第2章 美国国立卫生研究院基因组数据共享政策 23
  2.1 目标 23
  2.2 范围和适用性 23
  2.3 生效日期 25
  2.4 提交基因组数据的研究人员的责任 25
    2.4.1 基因组数据共享计划 25
    2.4.2 非人类基因组数据 26
    2.4.3 人类基因组数据 27
  2.5 研究人员获取和利用基因组数据的职责 33

2.5.1　受控获取数据请求 33
　　2.5.2　受控获取数据的研究利用条件和协议 34
　　2.5.3　可自由获取数据的利用条件 36
　2.6　知识产权 36

第3章　美国国立卫生研究院基因组数据共享政策
　　　　补充信息 38
　3.1　概述 38
　3.2　有关 GDS 政策适用范围的指南 38
　　3.2.1　GDS 政策适用范围内的研究案例 38
　　3.2.2　GDS 政策适用范围外的研究案例 40
　3.3　数据标准资源 40
　3.4　数据提交和数据发布指南 41
　　3.4.1　0 级数据 43
　　3.4.2　1 级数据 44
　　3.4.3　2 级数据 44
　　3.4.4　3 级数据 45
　　3.4.5　4 级数据 46

第4章　美国国立卫生研究院基因组数据共享政策草案
　　　　公众咨询评议会 47
　4.1　公众评议会的流程概述 47
　　4.1.1　数据共享支撑着 NIH 的使命和发展优先级 47
　　4.1.2　数据共享政策扩展的动力 48

4.2 NIH 和数据共享：简要回顾历史文件和事迹 48
    4.2.1 共享文化 48
    4.2.2 需要更宽泛的政策 49
4.3 NIH 基因组数据共享政策草案概述 49
    4.3.1 GDS 政策草案——主要构成 49
    4.3.2 GDS 政策草案——范围和适用性 50
    4.3.3 GDS 政策最终生效日期 51
    4.3.4 GDS 政策草案——提交数据的研究人员的职责 ... 51
    4.3.5 GDS 政策草案——非人类基因组数据 52
    4.3.6 GDS 政策草案——知情同意预期 53
    4.3.7 GDS 政策草案——数据提交机构的职责 54
    4.3.8 GDS 政策草案——审议数据提交的 IRB 的职责 ... 54
    4.3.9 GDS 政策草案——数据提交和数据发布预期 ... 55
    4.3.10 GDS 政策草案——获取／利用数据的 PI 的职责 56
    4.3.11 GDS 政策草案——获取／利用数据的 PI 的职责（禁止事项） 57
    4.3.12 知识产权 58

附录 A　美国国立卫生研究院基因组数据共享政策 管理框架图 59

第1章
美国国立卫生研究院基因组数据共享政策序言

1.1 引言

美国国立卫生研究院（National Institutes of Health，NIH）宣布了最终的基因数据共享（Genomic Data Sharing，GDS）政策，提出了确保基因研究数据广泛和可靠共享的期望。共享研究数据支持了 NIH 的使命，而且对于促进研究成果转化为能够改善人类健康的知识、产品和程序也是必不可少的。除基因数据以外，NIH 的长期政策使大范围的研究数据能够及时公开并可用。

2013 年 9 月 20 日，NIH 在联邦登记册上发布了《NIH 基因数据共享政策草案征求公众评论》，并于 2013 年 9 月 27 日发布了《NIH 捐赠和合同指南》，实施为期 60 天的公众评论。

NIH 还利用网站、列表服务器及社会媒体传播征求意见的通知。在公众评论期间，2013年11月6日NIH举行了一次关于GDS政策草案的公开评议会，将近200人出席了会议，会议还包括一问一答部分。NIH一共收到了107个关于GDS政策草案的公众评论。

这些提交的评论来自个人、组织、学术机构附属单位、专业和科学社团、疾病和患者倡议团体、研究机构、行业和商业组织、部落组织、国家公共卫生机构和私人临床实践。

公众评论已经发布在NIH GDS网站上，这些评论都支持共享数据以促进研究的原则。但是，仍然存在一些问题和疑虑，并要求明确解释政策草案某些方面的内容。因而，我们对GDS政策相应章节进行组织评论，摘要如下。

1.2　范围和适用性

一些评论指出，该政策草案对于政策适用的研究类型还不明确。一些评论认为，一项研究中使用的技术（如基于阵列或高流量的基因技术）不应该成为决定政策适用性的重点。他们建议，从研究中获得的信息才应该是决定政策适用性的重点。

许多其他评论者表示，政策过于宽泛，这将导致大量提交的数据对其他研究者的实用性较低。其他一些评论者认为,政策的范围还不够广泛。此外,一些评论者不确定政策是否适用于多种资金来源资助的研究。

NIH已经修改了范围和适用性部分,以帮助明确该政策旨在应用的研究类型,而提及具体技术的内容已经被删除。研究项目类型示例的列表也在政策的范围内,可以参见GDS政策草案附录A(现在被称为"NIH基因数据共享政策的补充信息"),列表也进行了修订和扩充,不在范围内的研究示例也被增加进去了。

而且,最终的GDS政策现在明确规定,较小的研究(如测序少于100个研究参与者的基因)一般不适用于该政策。但是,规模较小的研究可能受制于其他NIH数据共享政策(如美国国家过敏和传染病研究所的数据共享和发布指南)或程序的要求。此外,对于该政策中使用的关键术语的定义(如汇总数据)也包括在内,其他条款也已被阐明。

关于范围的声明有意保持足够全面,以适应基因技术和产生基因数据的各种研究不断发展的本质。它也允许个别NIH研究所或中心(Institutes or Centers,IC)根据科学的状态、研究界的需要及IC的方案优先事项,选择以个案为基础应用的可能性,将该政策适用于产生小规模数据的项目。

该政策适用于NIH部分或全部资助的研究,前提是NIH资助支持基因数据的产生。研究人员对于政策是否适用于他们当前或计划研究的疑问,应该咨询相关的项目办公室或项目官员或 IC 的基因项目管理员(Genomic Program Administrator,GPA)。GPA 的名称和联系方式可以通过 GDS 网站获得。

一些评论者表示担心研究人员和机构在验证和共享大量基因数据时带来的财政负担,并且用于支持数据共享的资源将使资助远离研究。然而,NIH 坚持认为,支持数据共享所需的资源并不是无价值的,投资是必要的,因为通过数据的二次使用可以使重要成果的发现成为可能。

此外,NIH 正在采取措施来评估和监测数据共享对科研行为成本的影响,以编程的方式,通过大数据分析到知识倡议,并在组织上建立科学数据理事会,这将对机构有关数据科学的问题提出建议。

1.3 数据共享计划

一些评论者指出,关于在什么条件下 NIH 将对提交的基因数据授予例外的政策还不够清晰。有些人还建议,当原始的同意书或者相关法律条文不允许广泛的共享时,NIH 应该允许人类基因数据的有限共享。

尽管 NIH 鼓励研究人员寻求广泛共享的一致性,一些 IC 可能制订计划的优先事项,期望研究提出资助,以包括

第1章 美国国立卫生研究院基因组数据共享政策序言

同意广泛共享,也可以规定一些例外。最终,政策明确了当提交的基因数据不满足机构认证的标准时可能要求的免责条款。

一些评论者表示担忧:在一项研究完成之前,支持数据共享计划所需的资源将是难以估算的。其他人请求对要求用于支持数据共享计划的资源提供额外的指导。一些评论者认为,NIH 应该允许数据共享计划的某些要素可以随着其他及时的信息提交,如机构认证和相关的文档。对于多年度奖励,一些评论者建议,数据共享计划应该定期审查,以与当前道德标准一致。另外,一些人建议,数据共享计划应该公开。

根据 GDS 政策,研究人员将被期望在他们的资助申请预算部分列出他们需要准备提交给相应知识库资源的数据。如果有需要,NIH 将提供关于这些资源的额外指南。最终政策明确表示,在资助申请的资源共享计划部分,只有一个基本的基因数据共享计划需要提交资助申请,并需要在资助前提交一个更详细的计划。

机构认证应该在奖励之前提供任何其他及时的信息。基因数据共享计划指南可以在 NIH GDS 网站上获取;数据共享计划将通过年度进展报告或其他适当的科学项目审查来接受定期审查,并将进一步考虑数据共享计划应该公开的建议。

1.4 非人类和模式生物基因数据

GDS 政策草案提出了数据提交和数据发布的时间表（例如，当数据应该公开与其他研究人员共享时）。对于非人类数据，该政策草案建议数据应该提交，并在不晚于最初公布时间提供公开共享，同时明确用于某些项目的数据提交和发布可能早于预期，镜像数据共享预计已经在其他政策下到位。

一些评论者建议，非人类数据的数据提交预期是不明确的。一位评论者建议，NIH 应该考虑一个比首次发布模型生物数据更快速的时间表，同时其他评论者支持指定的数据发布时间表。而另有一些评论者则担心指定的时间表太短。

最终的 GDS 政策并没有改变提交和发布非人类和模式生物数据的时间表。时间表的推出基于促进广泛数据共享的需要，同时还包含生成数据的研究人员，他们往往必须做出显著的努力来准备用于共享的数据。该政策指出，一个 NIH IC 可能选择缩短数据提交和发布特定项目的时间线，并期望研究人员与 NIH 项目或项目官员就他们的项目时间表和里程碑的具体指南一起进行协调。

对于政策允许非人类和模式生物数据存储在任何广泛利用的数据知识库的灵活性具有普遍的支持。一位评论者要求，非 NIH 指定知识库的链接或引用应该包含到政策中。更多关于 NIH 指定知识库的信息，包括这些知识库的例子，可以在 GDS 网站查看，关于非 NIH 指定数据知识库的额外信息将会纳入 NIH 工作人员和研究人员的宣传和培训资料中，并在 GDS 网站公开。

NIH 已经明确了最终的政策，并声明之前提交到广泛利用的知识库中的数据类型（如基因表达数据到基因表达库或数组表示）应该继续像以前一样，同时之前没有提交的数据类型可能通过资助 IC 增加到这些或其他广泛利用的知识库中。

1.5 人类基因数据

NIH GDS 政策的补充信息基于该数据经历的处理水平的二次调查，建立了提交和后续发布公开数据的时间表。一些评论者表达了对这些时间表的关注，他们表示这些时间表太短，可能限制了一个研究人员进行适当质量控制和在规定的时限内出版成果的能力。

许多评论者提出数据发布的时间表扩展到 12 个月或 18 个月，或者到公布之日，以先到之日为准的建议。其他人则担心，目前的时间表太长，他们应该反映长久以来快速的数据发布原则，正如 Bermuda 和 Ft 阐明的那样。

Lauderdale 赞同一些评论者担心时滞期的取消（如研究发布用于二次研究到提交的研究人员第一次出版研究成果之间的这段时间）将对数据快速发布的目标产生不利的影响这一观点。一位评论者担心，这些数据将在研究人员同参与人员讨论相应的发现之前公布。

NIH 已经修订了补充信息，阐明不会启动对于 2 级和 3 级人类基因数据发布进行 6 个月的延期，直到数据已经被清除。NIH 的数据提交政策已经启动，一般发生在数据产生 3 个月之后。因为他们在研究项目中产生 2 级和 3 级人类基因数据将会有非常显著的差异，提交的时间表根据具体的项目，并将通过与资助的 NIH IC 研究人员协调，由具体情况决定，补充信息也已经对此做出了相应的说明。

在全基因组关联研究（GWAS）政策下，出版时滞期被作为使数据更快速利用的一种方式。为了交换即时数据，二级用户不允许出版或展现研究成果，直到数据发布 12 个月后。NIH 并没有为 GDS 政策采取这种方式，因为在实践中，出版时滞期对于二级用户来说很难追踪，特别是对特定类型数据有多个不同时滞期的数据集，这就增加了无意识违反时滞期的风险。

至于对人类基因数据将在研究人员通知参与人员有关重要发现之前公开的担忧，这些数据将被认为是 4 级数据，并且预计不会在出版前发布，NIH 坚信，GDS 政策将为研究人员提供充分的时间同参与人员讨论相应的发现。

许多评论者呼吁该政策应该要求在提交人类基因数据时包含技术数据标准，如平台信息、控制词汇、规范算法、数据质量标准和元数据标准。NIH 明确了开发和利用基因数据标准的重要性，并认识到有许多正在开发和推广这类标准的倡议。

NIH 已经通过增加数据标准资源部分修订了补充信息。它为数据提交到具体的 NIH 指定数据知识库中提供了参考，包括数据标准。有关数据标准的其他资源将被合并到补充信息中，因为这能使得它们被开发并变得适合广泛地应用。

一些评论者要求定义 NIH 指定的数据知识库及判定哪些非 NIH 知识库是可以作为这种知识库被接受的指南。评论者也表示了对利用受信任合作伙伴详细信息的兴趣，通过合同机制建立第三方合作伙伴关系，从而满足为那些对基因数据分析有用数据的存储和/或使用相关工具提供基础设施服务的需求。

关于 NIH 指定知识库的定义，目前已经包括在最终的政策中。此外，关于接受人类基因数据的非 NIH 指定知识库的详细信息将在 NIH GDS 网站上公布，并将其纳入 NIH 工作人员和 NIH 资助研究人员的宣传和培训材料中。关于信任的合作伙伴的更多信息，包括信任的合作伙伴要达到的标准,也可以在 NIH GDS 网站上获取。

关于知情同意书,GDS 政策希望产生基因数据的研究人员寻求参与者对未来研究利用和尽可能广泛共享这些数据的同意。一些评论者担心,参与者可能不会同意广泛的共享,调查研究的注册率可能会下降,如果某些群体不愿意广泛利用他们的数据,则有可能使研究出现偏差。

一些评论者也提出了一个令人担忧的问题,即提议获得更多有限共享数据同意的应用程序的竞争力。一些评论者建议,NIH 允许知情同意书替代形式的存在,而不是更广泛的同意,如动态同意或分层同意。

NIH 认识到同意将人类基因数据应用于未来研究利用和广泛共享可能是不合适的,或者说,这些数据不是在所有情况下都是可获得的。IC 可能继续接受来自研究的数据,这些数据在将来利用和共享时采用限制同意的方式,并且 NIH 将继续维持数据访问系统,使得更多的共享限制和二次利用成为可能。

对于拨款申请的竞争力,不建议使用广泛共享同意,该政策不建议应用程序在优先审查期间对这一点进行评估,但是研究人员仍然期望尽最大可能寻求广泛共享同意。共享许可的广度通过同意书可能在项目优先审查期间加以考虑。

关于同意书的替代形式,该政策并没有禁止使用动态或分层的同意书。它提倡使用广泛共享同意，以获得最大潜力的公共利益。然而，NIH认识到，日益变化的技术可能产生更多动态同意过程，从而改善跟踪和监督，并且更精确地反映参与者的偏好。NIH将继续关注这一领域的发展情况。

一些评论者表示，目前不确定GDS政策是否将适用于临床环境研究或涉及来自亡者数据的研究。在GDS政策范围内的研究将受制于该政策，不管它是否发生在临床环境或涉及亡者产生的数据。

另有一些评论者想了解，除了参与者以外，研究团体是否具备足够能力选择退出或撤销研究的知情同意书，而且这种撤销能力是否可以进行转让或继承。

该政策规定，研究人员和机构可能要求NIH可以在以下情况撤销数据，即个人参与者或团体撤销二次研究同意书，尽管一些数据已经公布用于研究而不能被收回。提交数据的机构应该决定数据是否应该从NIH知识库撤销并相应地通知NIH的有关部门。

许多评论者呼吁NIH制定标准文本或知情同意文件模板，以便研究人员可以确保他们的同意书材料与政策对知情同意书和数据共享的预期是一致的。

其中一个评论者指出，在不增加知情同意表格复杂度的情况下，传达必要信息的挑战（如广泛的未来研究对人类基因数据的利用)。还有人建议开发教育材料或工具来指导获取知情同意书的过程。

其他评论者对重写和协调现有知情同意文件表示担心。NIH赞赏制定知情同意文件模板和计划的建议,从而帮助研究人员和机构制定知情同意文件。

许多评论者质疑,根据CRF(病例报告表模块和指南)第46部分第45条要求,明确同意研究的建议,并没有考虑对人类受测者的研究(如涉及去识别化标本或细胞系的研究)。有一些评论是关于GDS政策草案的提议,即在GDS政策生效之前,去识别化临床标本和细胞系收集或产生的数据不受新规定控制。

该政策期望获得政策生效之后创建的来自去识别化临床标本和细胞系的数据。究其原因,基因组技术和分析方法的演变提高了再识别的风险。此外,政策要求获得研究参与者的同意是对他们的尊重。日益明显的是,为了研究的需要,参与者可能将被要求提供利用和共享他们去识别化标本的许可。

该政策并不需要获得政策生效之前创建或收集的来自去识别化临床标本和细胞系产生数据的同意书,由于重新联系参与者的实践和道德限制,为现有数据集获取新同意书的可操作性较低,事实上,这样的数据可能已经被广泛应用于研究中了。

GDS政策草案包括例外"令人信服的科学理由",以允许研究在没有获得研究同意书的情况下使用政策生效之后收集或创建的来自去识别化的临床标本或细胞系的数据,评论者不反对这一例外的需求,但是他们要求阐明哪些条件构成了"令人信服的科学理由",并且确定该过程中研究人员给出什么样的理由才是合适的。

资助IC将决定研究人员在没有获得研究同意书时利用临床标本或细胞系的理由是否是可以接受的,正如他们在其资助申请和机构认证中提供相关文件的途径一样。关于什么是"令人信服的科学理由"的详细信息将会在GDS网站公布,并且可能像NIH IC一样随着时间的推移演变,NIH GDS管理系统、计划和项目工作人员会获得更多的用于这种标本研究请求的经验。

对于缺乏研究同意书及在政策生效之前收集的临床标本和细胞系,一些评论者担忧,该政策尚不明确来自这样标本的数据是否可以存储在NIH知识库中。

该政策的这一规定旨在允许在特殊情况下,当提出的研究有可能显著地推动科学或医学知识,同时无法以经过同意的标本或细胞系进行研究时,可以利用政策生效之后收集或创建的来自去识别化临床标本或细胞系的基因组数据。该GDS政策草案指出,NIH将接受缺乏研究使用同意书的来自临床标本和细胞系的数据,并且这些数据是在政策生效之前收集的，这一政策在最终政策中仍保持不变。

一些评论者共同关注的问题是，对罕见疾病患者的隐私、通过广泛数据共享再识别的高风险人群或者来自再识别的具有更大潜在危害的人群隐私的问题没有被充分解决。一些评论者尤为关注的是，没有为这些人提供额外的保护措施，一些人建议受GDS政策管辖的研究所涉及的人群应该完全免除该政策的数据共享预期。

目前，当决定一项研究的同意书文件是否与NIH政策一致时，NIH要求IRB（Institutional Review Board，伦理审查委员会）考虑有关团体或群体的伦理问题。此外，NIH已经在最终的GDS政策中明确，如果不能满足机构认证的标准，即使某些例外情况也可能会要求数据提交和随后的数据共享（如一个IRB或相应机构不能保证以研究为目的的数据提交和随后的共享与研究参与者的知情同意书一致）。

如果提交机构确定该标准可以满足，但存在额外的有关数据共享的忧虑，该机构可以通过限制使用随着研究机构提交的数据为数据利用指出补充规定。

一些评论者建议，对医学可操作的偶然发现的回归应该包括：同意或再识别的参与者应该被允许，以便返回这些偶然结果。NIH认识到，由于在任何调查研究中，如果个人研究发现没有被临床验证返回给受试者，或过早用于临床决策，都可能会导致危害。

来自利用 NIH 指定知识库获取数据进行研究的个人发现的反馈预计将是罕见的，因为研究人员将不能够直接返回个人研究结果给参与者，因为他们与知识库都将不能够获得参与者的身份。提交机构和他们的 IRB 可能希望制定政策，用于确定何时适合从调查研究中返回个人发现。

关于返回结果的更多指导可以从总统委员会（Presidential Commission）对生命伦理问题的报告《预期与沟通：临床、研究和面向消费者环境下的偶然和二级发现结果伦理管理》中获取。

一些评论者担心，该 GDS 草案对于应该使用哪个标准来确保数据的去识别化还不明确。许多评论者提到的另一个问题是关于基因数据的可识别性的。一些评论者担心去识别化基因型数据可以被重新识别，即使这些数据是根据健康保险携带和责任法案（Health Insurance Portability and Accountability Act，HIPAA）与通用规则进行去识别化的。

其他人断言，基因数据不可能完全去识别化。一些评论者建议，GDS 政策应该明确表明尽管已将基因数据去识别化，参与者的隐私仍存在隐患，同时 GDS 政策还应该要求知情同意文件包括这样一个声明。其他人则建议，该政策应该指出基因信息不能被去识别化。评论者认为，再识别的风险问题在 GDS 政策草案中没有被充分解决。

最终的 GDS 政策已经明确地指出，为了达到该政策目的，数据应该去识别化，以满足 HHS（United States Department of Health and Human Services，美国健康和人类服务部）条例中为保护人类受试者对去识别化数据的定义，同时去掉 HIPAA 隐私条例中列出的 18 个标识符。

这就是为什么 NIH 希望明确同意在政策生效之后即将准备提交到无限制访问的数据知识库（如公开访问的数据知识库，以前称为"开放获取"）中的数据广泛共享。

NIH 将通过修订的指导文件，对告知参与者重新识别的风险提供进一步的指导。例如，NIH 表明为 IRBs[①] 和机构着想，根据 NIH 支持或正在进行的全基因组关联研究中所采纳的 NIH 数据共享政策的规定，在寻求机构认证时，需要审查数据提交计划。

一些评论者特别关注了为获得用于研究使用的数据的知情同意书需要承担的成本和负担（这些数据是在 GDS 政策生效之后收集或创建临床标本和细胞系中产生的）。

NIH 认为，这些在生效之后收集的来自去识别化临床标本的数据的同意书预期将需要额外的资源支持。考虑到对再识别越来越多的关注，在没有个人同意的情况下，简单地对临床标本或衍生的细胞系去识别化以产生数据作为研究使用，在道德上是站不住脚的。此外，NIH 预计，

---

① NIH 的 27 个研究所均有 IRB。

获得广泛的未来研究使用的同意将有利于获取更大的数据量,最终将减少与共享研究数据有关的成本和负担。

一些评论者表示担心,该政策草案对同意书的标准比其他管理人类受试者保护的条例更加严格,包括通用规则和对 2011 年提前通知的建议规则制定的修订版。有些评论者要求进一步澄清有关政策草案保护的监管差异或监管依据。

NIH 有权制定更多不受法律或行政法规要求但是能够推进机构使命的政策及期望,以促进健康、延长寿命及减少疾病和残疾。GDS 政策建立在 GWAS 政策的基础之上,为了获得处理、共享和利用 NIH 资助研究中的人类基因型和表现型数据的许可,建立了不受通用规则要求的额外期望。

NIH 预计,除了坚持 GDS 政策,研究人员和机构也将遵守通用规则和任何其他适用的联邦法规和法律。针对该政策草案与通用规则修订 ANPRM(提案规则制定的预先通知)①不一致的问题,当通用规则修订完成时,NIH 将对 GDS 政策和通用规则之间存在的任何不一致的情况进行评估。

---

① 在规则制定之前的公众评议之前的草案阶段,通常是草案已经经过第一次公众评议后,公告修改意见和修改内容的阶段,之后将会进行第二次和第三次公众评议。

1.6 研究人员获取和利用基因数据的责任

评论者称，该 GDS 政策草案对于通过研究人员访问数据来防止数据误用的后果做得并不够。他们建议，该政策应该说明，在政策中为数据用户列出的责任应该是"必须的"，而不是"希望的"，并且应该说明，随着政策和对数据故意滥用的严格制裁规定的出台，将会对数据用户的违规行为进行处罚。

也有评论提议，提交机构应该能够在 NIH 完成其内部审查过程之前，对所有 NIH 的数据访问要求（Data Access Requests，DARs）进行审查和评论，并建议 NIH 向提交机构和研究参与者告知基因数据用户报告的任何政策违规行为。

NIH 数据访问委员会（Data Access Committees，DACs）通过利用由机构提供的数据使用限制，代表提交机构审查了 DARs，以检查其是否与该限制相一致，从而确保参与者的意愿得到尊重。

作为其正在进行的监督过程的一部分，NIH 审查了数据管理不善或滥用的通知，例如，数据提交过程中的数据使用限制的分配错误，研究人员与未经审核的研究人员共享控制存取数据，研究人员因研究需要使用数据并且不在其研究使用说明中进行描述。

到目前为止，在研究完成之前发现了违规情况，但没有参与者受到伤害。当NIH察觉到有任何问题，有关机构和研究人员会被通知，NIH也会采取适当的措施来解决违规行为，并防止其再次发生。

为了确保所有数据提交者、用户和研究参与者明确对数据误用的处罚，该GDS政策已经进行了修订，以明确二级用户违反政策或数据使用认证可能面临的执法行动。此外，通过鼓励被认可的用户提交一个保密证书，则保护去识别化数据机密性的措施会通过受控访问得到增加。

一些意见是由有关数据访问的部落组织的代表或成员提出的。部落团体表达了对DACs能力的关心，以表达部落在数据请求审查中的偏好。他们还提出了参与数据保护的新规定，如包括部落成员去识别化、参与者去识别化和修订基因数据用户行为代码，以参考协议来访问、共享和利用部落数据，如去识别化参与者的部落归属。

最终的政策已经修订，并且明确地参考部落法（Tribal Law）①的相关规定。此外，其他因素，如原知情同意书中的限制或有关个人或团体受到危害的担心，应该在评估二次利用一些基因数据时被考虑进去。一些评论者建议更改

---

① 用来保护原住民不受现代社会威胁生存和文化的法律，因为人类基因测试经常会以原住民作为受测对象，因此相关的数据政策需要符合部落法的框架。

人类基因数据受控访问的规定。

一些评论者认为,受控访问不必要地限制了研究,并且有许多人针对如何提高访问数据的过程提出了一系列建议。例如,允许无限制地访问去识别化数据;为受控访问数据开发标准数据使用限制;精简和提高数据访问程序和处理时间的透明度;修改数据库的基因型和表现型(database of Genotypes and Phenotypes,dbGaP),以便于同行评审和协作。

最终的 GDS 政策允许无限制访问去识别化数据,但前提是参与者明确表示同意通过无限制访问机制共享他们的数据。NIH 已经制定了标准数据使用限制,并且可以通过 GDS 网站获取。关于提高数据访问程序的透明度,NIH 计划对公开访问的 GDS 网站进行统计,包括 NIH 审查数据访问要求的平均处理时间等内容。

从一开始,dbGaP 就已经征求了用户的反馈意见,并努力改善数据提交和访问程序。例如,建立一个研究汇编,以允许研究人员提交一个单独的访问请求,用于一般性质的研究,使其能够在所有受控访问的情况下,获取总体和个体水平上的基因数据。

一些评论者关心该 GDS 政策将增加 NIH DACs 的行政负担,因为这可能会导致用户需要更长的时限来获得已受控访问保存的数据。NIH 已经意识到附加的数据访问请求可能施加给 DACs 的负担,并将继续监测这一可能性,以便根据需要开发新方法来减少 DACs 的负担,同时为研究人员、机构和 NIH ICs(Institutes and Centers of the National Institutes of Health)① 改善性能。

1.7 知识产权

GDS 政策期望基本步骤和某些相关数据可以通过 NIH 的指定数据知识库访问,并且所有从中得到的结论将免费获取。它鼓励"上游"发现的专利申请,这被认为是竞争前期,同时它还鼓励适用于知识产权的"下游"应用专利申请。

在收到的关于知识产权的若干评论之中,许多人支持政策草案的规定。然而,一些评论者反对专利申请,其中一个评论者建议该政策应该明确禁止,而不仅仅是不鼓励那些利用 NIH 指定知识库中数据进行研究得到的发明专利的使用。

如上所述,NIH 鼓励相应的"下游"应用进行专利申请。在可适用的 NIH 政策、联邦法律法规允许的范围内,NIH 将继续鼓励尽可能广泛地使用来自 NIH 资助产生的产品、

---

① NIH 有 27 个研究所和中心。

技术和信息，或鼓励开发利用从 NIH 数据知识库中获得的数据，同时鼓励适用于私人投资的技术专利申请，以解决公众需求。

众所周知，最高法院在分子病理学协会等众多遗传学公司的决定中禁止对天然存在的 DNA 序列的专利申请。与该决定相一致，NIH 期望涉及天然存在序列的专利申请将不会被备案。

1.8 总结

NIH 感谢评论者在回应征求意见时所付出的时间和精力，这些回应对于修订 GDS 政策草案非常有帮助，增强了对可能需要的额外指导材料的理解。

>>>>>> **第 2 章**
美国国立卫生研究院基因组数据共享政策

2.1 目标

美国国立卫生研究院（National Institutes of Health，NIH）基因组数据共享（Genomic Data Sharing，GDS）政策阐明了其对基因科研数据广泛和可靠共享的期望。共享科研数据支撑着 NIH 使命的完成，并且对科研成果转化为知识、产品和改善人类健康的方法至关重要。NIH 制定了长期政策，确保由其所资助的科研活动所产生的数据能够及时被公开获取。

2.2 范围和适用性

GDS 政策适用于所有 NIH 资助的、产生了大量人类或非人类基因组数据的科学研究，以及利用这些数据进行的后续研究，而不考虑资助水平和融资机制（如拨款、合同、合作协议或内部支持）。这些大规模的数据包括全基因组关联研究（Genome-Wide Association Studies，GWAS）数据、单核苷酸多态性（Single Nucleotide Polymorphisms，SNP）数组数据、基因组序列数据、转录组学数据、宏基因组学数据、表观基因组学数据（Epigenomic）和基因描绘数据。NIH基因组数据共享政策补充信息（Supplemental Information）提供了遵循该政策的涉及大量基因组数据的科研项目示例。NIH学会或中心（Institute or Centers，IC）期待较小规模科研项目的数据提交，这些科研项目建立在科学发展现状、纲领性IC研究资助优先级和科研数据对学术界实用性的基础之上。

每隔一段时间，NIH将会审核该政策适用的研究类型，政策范围内的科学研究示例的任何变化都将会在补充信息中展示。一旦有任何变化，NIH将通过正规交流渠道（如NIH拨款和合同指南）告知研究人员和机构。

NIH期望所有受资助的研究人员拥护GDS政策，在奖励条款或奖励合同中，对该政策的遵守将成为一项特殊的条款和条件。在适当情况下，对于未能遵守资助协议条款和条件的人员，将根据45CFR74.6211条款或政府的其他要求，采取包括资金扣缴在内的强制措施。

2.3 生效日期

该政策适用于以下情况。

① 2015年1月25日、接受日期或之后提交到NIH的竞争性拨款申请。

② 2015年1月25日当天或之后提交到NIH的合同建议。

③ 2015年1月25当天或之后生成基因组数据的NIH内部科研项目。

2.4 提交基因组数据的研究人员的责任

2.4.1 基因组数据共享计划

寻求NIH资助的研究人员应该尽早与IC工程官员或项目官员适时接洽,讨论数据共享预期和时间安排,并应用到所申请的研究中。NIH期望研究人员和其机构提供基础方案,遵循有关资金申请和提案的资源共享计划章节中的"基因组数据共享计划"政策的相关规定。任何有可能需要用于支撑所提议的基因组数据共享计划(如数据提交准备)的资源都应该纳入项目预算中。在获批之前,应向IC资助方提供一份更为详尽的基因组数据共享计划,同时也要提供机构认证(为了共享人类基因组数据)及任何实时交流信息。NIH期望内部研究人员在实施适当研究之前，能和其IC系统内的领导共同解决基因组数据共享计划的遵守问题，鼓励内部研究人员与其IC领导或内部研究指导办公室接触。根据IC特定项目或工程的特定报告要求，NIH IC资助方将在进行年度进展报告时或者其他合适的科学项目审查时，或在其他时候，特别审查基因组数据共享计划的遵守情况。

2.4.2 非人类基因组数据

（1）数据提交预期和时间要求

包括来自微生物、菌群类和模式生物数据在内的大量非人类基因组数据，以及相关数据（如表型数据和曝光数据）将被及时共享。基因组数据经过不同层次的数据处理，为NIH的数据提交预期提供了基础。这些期望在补充信息中有表述。一般来说，研究人员应该在不晚于文章刊出日期的条件下将非人类基因组数据开放并可用。然而，对于特定数据或IC资助项目数据（例如，对诸如基于微生物群的基因组研究等科学界来说，作为具有广泛实用性资源的项目数据），则期望其能较早地开放并可用（如在出版之前）。

（2）数据知识库

非人类基因组数据应该通过任一常用数据知识库（不

论是否得到 NIH 资助）使其可供利用，如基因表达综合数据库（Gene Expression Omnibus，GEO）、序列读取仓储（Sequence Read Archive，SRA）、Trace Archive、Array Express、小鼠基因组信息库（Mouse Genome Informatics，MGI）、WormBase、斑马鱼模式生物数据库（Zebrafish Model Organism Database，Zebrafish Information Network）、GenBank、欧洲核苷酸仓储（European Nucleotide Archive，ENA）或日本 DNA 数据银行（DNA Data Bank of Japan，DDBJ）。NIH 期望研究人员继续将数据提交到 GDS 政策生效之前他们所提交至的相同知识库中（例如，DNA 序列数据提交至 GenBank/ENA/DDBJ 中，基因表达数据提交至 GEO 或 Array Express 中）。按照 IC 合同的要求，之前未提交至任何知识库中的数据要提交到上述这些数据库中或其他广泛使用的知识库中。

2.4.3 人类基因组数据

（1）数据提交预期和时间要求

研究人员应该将大量人类基因组数据及相关数据（如表型数据和曝光数据）及时提交至 NIH 指定的数据知识库中。研究人员也应该提交任何用来说明所提交基因组数据的必要信息，如研究方案、数据仪器和调查工具。

基因组数据经过不同层次的数据处理，为 NIH 的数据提交预期提供了基础,为研究人员获取所发布的数据提供了时间表。这些期望和时间要求都在补充信息中有所表述。通常情况下,在初始数据提交开始后6个月的时间内,或在首次接受出版之时,NIH将会发布已经提交至NIH指定数据知识库中的数据。无论哪一种情况在前,都不会影响出版或传播。

研究人员应该按照HHS条例所提出的保护人类受试者的标准规定,对其提交至NIH指定数据知识库中的人类基因组数据进行模糊化,以确保研究对象的身份不易通过数据进行确定。研究人员还应该根据医疗保险的可携性和责任法案(Health Insurance Portability and Accountability Act,HIPAA)的隐私规定,去除身份标识数据。消除识别信息的数据应该由研究人员为其随机分配唯一的代码,由持有其他研究标识符的提交机构随机分配密钥。

尽管存储在NIH基因型和表型数据库(database of Genotypes and Phenotypes,dbGaP)中的数据依照HHS保护人类受试者规定和HIPAA隐私条例标准要求进行了消除标识信息处理,但因为基因组数据能够被再次赋予标识信息,NIH为dbGaP采纳了一项机密性认证作为额外的预警措施。NIH鼓励研究人员和机构将大规模人类基因组数据集提交至NIH指定的数据知识库中,以寻求机密性认证的额外保护,防止其所拥有的任何个人身份信息的被迫披露。

(2) 数据知识库

不论NIH指定哪一家数据知识库接收数据,在数据清洗和质量控制措施开始实施的时候,研究人员应当在dbGaP中对所有纳入GDS政策范围内的人类基因组数据研究进行注册。在dbGaP中注册之后,研究人员应该将数据提交至相应的NIH指定的数据知识库[如dbGaP、GEO、SRA、癌症基因组学中心(Cancer Genomics Hub)等]中。NIH指定的数据知识库没有必要作为促进基因组数据共享的专属来源,也就是说,研究人员也可以选择将数据提交至除NIH指定数据知识库之外的知识库中。但是,研究人员应该确保适当的数据安全措施到位,确保保密措施、隐私保护措施和数据利用措施与GDS政策保持一致。

(3) 人类基因组数据传播的分层体系

尊重NIH对人类基因组数据的管理工作、保护NIH的利益及研究人员的参与对NIH来说是必要的。对于所收集数据或样本的知情许可,是提交机构确定提交至NIH指定数据知识库中数据适宜性的基础,以及该数据是否应该无限制可供利用或有限获取利用的依据。只有在研究人员获得NIH发放的可将请求数据用于特定项目的许可之后,NIH指定数据知识库中的受控获取数据方可用于二次研究。可自由获取知识库中的数据,并对任何人公开可用(如1000基因组项目)。

(4) 知情同意

对于处在 GDS 政策范围内的研究来说,提交机构通过其机构审查委员会(Institutional Review Boards, IRBs)、隐私委员会或等效机构主体,对知情同意材料进行审查,以决定数据是否适合被共享以用于二次研究。根据研究类型及数据是否可通过未来数据或回溯性数据采集获得,具体思路会有所不同。NIH 就尊重研究参与者利益的相关事项,在其"IRBs 和机构在对数据提交计划进行机构认证审查时的考虑要点"中提供了附加说明。

对于在 GDS 政策生效日期之后开展的研究,NIH 期望研究人员能够得到参与者的同意,将其基因组数据和表型数据用于未来研究并被广泛共享。对于是否将参与者的个人数据通过无限制获取或受控获取的知识库进行共享,应在同意的内容中包含相关说明。

在政策生效之后创建或收集的细胞系或临床医学基因组数据,在提议对其进行研究利用时,如果细胞系或临床医学基因组数据已经被消除标识信息,NIH 期望获得针对未来研究利用和广泛数据共享的知情同意。如果有迫不得已的科学原因,需要利用在该政策生效之后创建或收集的细胞系或临床医学基因组数据,并且缺乏研究利用和数据共享的认可,研究人员应当在资助申请中提出其利用理由。IC 资助方将审议该理由并决定是否对该认可期望破例。

在 GDS 政策生效之前利用收集的样本数据进行的研究，依据针对初始研究的知情同意材料中对未来基因组研究和广泛共享问题的解决程度，会有相当大的变数。在这种情况下，需要由 IRB、隐私委员会或等效机构主体进行评估，确保数据提交符合由研究参与者提供的知情同意要求。NIH 接受在该政策生效之前生成或收集的源自消除识别信息的、缺乏研究利用许可的细胞系或临床试验的数据。

NIH 指出，在某些情况下，广泛数据共享可能会跟那些被包含在数据集中的研究参与者的知情同意要求不一致。在这类情况下，计划将集成数据或个体层面数据提交至 NIH 以控制访问的机构，并且应当在所提交的、作为资金申请一部分的数据共享计划中标注出所有数据的使用限制。在评定之前，这些数据使用限制应当在提交至 NIH 的机构认证中详细说明。

（5）机构认证

提交机构的可靠官方签署机构应当在评定之前向 IC 资助方提供一份机构认证，该认证要与随资助请求一起提交的基因组数据共享计划相一致。机构认证应当声明该数据是否将被提交至一个可自由获取或受控获取的数据库中。针对受控获取数据库和可自由获取数据库的数据提交，根据实际情况，机构认证应该保证以下几点。

①根据实际情况，数据提交应该与适用的国家、部落和州法律条例及相关的机构政策相一致。

②正如知情同意文档中所表述的那样，任何对数据研究利用的限制都应该被描述出来。

③不应向NIH指定的数据知识库透露研究参与者的身份标识信息。

④在适当情况下，IRB、隐私委员会和／或等效机构主体已对研究人员的数据提交申请书进行审查并保证以下几点。

● 基因组和表型数据的采集提议与45 CFR的第46部分相一致。

● 基于科研目的的数据提交和随后的数据共享与被获取数据的研究参与者的知情同意相一致。

● 应该考虑带给参与者个人及其家属的风险，这些人员与提交至NIH指定数据知识库中的数据和随后的共享有关。

● 在有某种程度的相关或可能的情况下，应该考虑带给组织或人群的风险，这些组织或人群与提交至NIH指定数据知识库中的数据和随后的共享有关。

● 研究人员的标识信息消除计划与政策中概述的标准相一致（见第4章C部分第1节）。

(6)数据提交预期免责条款

在将数据提交至 NIH 指定数据知识库时,为防止出现不能满足机构认证标准的情况,研究人员应当依据资助申请或提案中的要求,就任何数据提交例外做出解释。IC 资助方允许将相关数据提交至 NIH 的例外存在,同时期望研究人员制订一项通过其他机制来共享数据的替代计划。基于透明化目的,当允许例外存在时,研究依旧要在 dbGaP 中注册,例外的原因将被纳入注册记录中,同时在可用的情况下为替代数据共享计划或资源提供参考。更多有关申请免责的信息可从 GDS 网站上获取。

(7)数据撤销

在研究参与者撤销或改变其意愿的情况下,提交数据的研究人员和其机构会要求从 NIH 指定数据知识库中移除有关参与者个人的数据。然而,某些已经传播开来并且获得认可的研究利用的数据不能被收回。

2.5　研究人员获取和利用基因组数据的职责

2.5.1　受控获取数据请求

人类数据的获取是由分层模型来完成的,该模型包含无限制数据获取机制和受控数据获取机制。受控获取数据的获取请求由 NIH 数据获取委员会(Data Access

Committees，DACs）审核。DAC 的决断主要是建立在拟开展研究的服从性基础上，服从性在获取请求中有所描述，提交机构通过机构认证为获取请求创建了数据利用限制。NIH DAC 接受比预期中的数据发布日期提前 1 个月的拟开展研究利用请求。所有受控获取数据的获取周期是 1 年，在被批准周期将要结束时，数据用户可以申请延长 1 年获取期限或结束该项目。尽管数据被进行了标识信息消除处理，但应该鼓励得到可控获取数据利用许可的用户考虑机密性认证，并且考虑该认证是否能作为额外的保障措施，防止用户被迫泄露他们拥有的任何基因组数据。

2.5.2 受控获取数据的研究利用条件和协议

研究人员被批准从 NIH 指定的数据知识库中下载受控获取数据，而且研究人员所在机构有望通过其对数据利用认证的认同来遵守 NIH 基因组数据用户行为准则。数据利用认证由请求数据获取的研究人员和官方签署机构联合签署，详细说明受控获取数据的二次研究利用情况包括如下几个。

①只将数据用于被认可的研究。

②保护数据机密性。

③视情况而定，遵守所有适用的国家、部落和州法律法规，以及可以用于管理基因组数据的相关机构政策和流程。

④不要试图去识别被获取数据的参与者个体的身份信息。

⑤不要出售任何从 NIH 指定数据知识库中获取的数据。

⑥除了在数据获取请求中罗列出的知识库之外,不与任何人分享来自 NIH 指定数据知识库的受控获取的数据。

⑦同意以列表形式对 dbGaP 中得到认可的研究利用、研究人员的姓名及人事关系进行概述。

⑧同意一旦发现任何违反 GDS 政策的行为立即向相应的 DAC 报告。

⑨通过年度访问更新请求或项目结题报告,通报利用受控获取数据集进行的研究进展。

⑩在所有口头或书面形式的自我介绍、报告或出版物中致谢,承认以下各方的贡献:引导原创性研究的特约研究人员、支持工作的资助机构、特定数据集或适用登录号及研究人员可经其获取任何数据的 NIH 指定数据知识库。

NIH 期望那些得到批准利用受控获取数据的研究人员,遵守有关保密的最佳实践指南,以确保数据安全,并且不向任何不被允许获取数据的人员公开。这些最佳实践概述了预期的数据安全保护措施(如物理安全措施和用户培训)。

如果研究人员违反二次研究利用的条款和协议，NIH将会采取适当的行动。更多信息可从数据用户实名认证部分获取。

2.5.3 可自由获取数据的利用条件

研究人员在从 NIH 制定的数据知识库中下载可自由获取的数据时应该做到如下几点。

① 不要试图去识别被获取数据的人类研究参与者（Human Research Participants）的个体身份信息。

② 在所有口头或书面形式的自我介绍、报告或出版物中致谢，感谢特定的数据集或适用登录号及研究人员可经其获取任何数据的 NIH 指定数据知识库。

2.6 知识产权

NIH 鼓励适用于后期个人投资的技术取得专利，这会促使公共需求的产品发展而不妨碍研究。然而值得高度重视的是，自然生成的 DNA 序列在美国是无法取得专利的。因此，基本的序列数据和某些相关信息（如基因型、单体型、p 值、等位基因频率）是不具有竞争性的。这类通过 NIH 指定数据知识库可供利用的数据，以及所有由此直接得到的结论，应当保持免费可用且没有任何许可要求。

正如 NIH 基因组发明许可最佳实践和 NIH 资助政策声明中 8.2.3 部分的共享研究资源中所概述的那样,NIH 鼓励受其资助的基因组数据被广泛利用,这些数据符合衍生自下游发现的知识产权对可靠管理方式的要求。NIH 反对利用专利来阻止对基因组或基因型－表型数据(在 NIH 支持下开发)的利用和获取。

第 3 章
美国国立卫生研究院基因组数据共享政策补充信息

3.1 概述

该补充信息提供了有关基因组数据共享（Genomic Data Sharing，GDS）政策（即属于和不处在政策范围内的研究案例）适用范围的补充指南、预计使用的数据标准、数据提交和发布预期。

3.2 有关 GDS 政策适用范围的指南

3.2.1 GDS 政策适用范围内的研究案例

GDS 政策适用于所有 NIH 资助的研究及利用前期研究中所产生的大规模人类或非人类基因组数据所开展的后续研究。不考虑资助水平和融资机制（如拨款、合同、合作协议或内部支持），大规模数据包括全基因组关联研究

（Genome-Wide Association Studies，GWAS）数据、单核苷酸多态性（Single Nucleotide Polymorphisms，SNP）数组数据、基因组序列数据、转录组学数据、宏基因组学数据、表观基因组学数据（Epigenomic）和基因描绘数据。这类研究所涵盖的项目案例包括但不限于以下几种。

①源自多个基因的序列数据或同等规模区域的超过1000个人类研究参与者的基因组数据。

②源自100多个基因的序列数据或同等规模区域的超过100个人类研究参与者的基因组数据。

③源自300 000多个不同网站的1000多个人类研究参与者的数据。

④源自100多个病原体隔离物的序列数据。

⑤源自人类或典型生物菌群的100多个宏基因组的序列数据。

⑥源自人类或典型生物菌群的100多个转录宏基因组的序列数据。

⑦多个典型生物物种或菌株的完整基因组序列数据或外显子组序列数据。

⑧一个或多个典型生物物种或菌株的合成和非编码化RNA数据的综合目录。

⑨源自一个或多个典型生物物种或菌株的100 000多个单核苷酸多态性（SNPs）目录。

⑩在10多种细胞类型间进行全基因组甲基化位点的对比。

⑪对一个给定的样本，采取单碱基的方式进行全基因组的甲基化位点差异比较（例如，相同的主题随时间变化或同样的主题下不同的细胞类型）。

3.2.2 GDS 政策适用范围外的研究案例

政策范围外的 NIH 资助研究或相关研究活动的案例包括但不限于不满足上述案例标准的项目，还包括如下几种。

①仪器校准练习。

②统计或技术方法的开发。

③基于控制目的的基因组数据利用，如用于试验设计。

3.3 数据标准资源

NIH 国家生物技术信息中心（National Center for Biotechnology Information，NCBI）为将数据提交至 NIH 数据知识库提供了通用指南。更具体的数据提交说明（包括数据标准）可应用于大量 NIH 知识库：基因表达综合数据库（Gene Expression Omnibus，GEO）、基因型和表型数据库（database of Genotypes and Phenotypes，dbGaP）、短基因变异体数据库（database of Short Genetic Variants， dbSNP)、GenBank 和序列读取仓储（Sequence Read Archive，SRA）。其他有关数据和元数据标准的信息或资源将被收录到 GDS 网站上，可供科研界广泛采纳和利用。

3.4 数据提交和数据发布指南

不同的数据类型会经过不同层次的数据处理，数据提交和数据发布预期以这些分层为基础。表 3-1 描述了每个层级的预期。NIH 将会定期审议这些预期，在 GDS 网站上发布更新并通过适当的交流渠道（如 NIH 拨款和合同指南）告知科研界。注意，解释受控获取基因组数据的必要信息，如研究申请书、数据仪器和测量工具，在提交 2 级、3 级或 4 级相关基因组数据的同时，采用基于无限制的开放共享（即能够自由访问）。

表 3-1 基于处理层次的数据提交和数据发布预期

层级	数据处理整体描述	数据类型举例	数据提交预期	数据发布时间线
0 级	仪器平台直接生成的原始数据	仪器图像数据	人类数据：无预期。非人类数据：无预期	人类数据：暂无。非人类数据：暂无

续表

层级	数据处理整体描述	数据类型举例	数据提交预期	数据发布时间线
1级	初始测序片段、原始输入数据基本转化后的最基础形式的数据	DNA测序片段、ChIP测序片段、RNA测序片段、SNP阵列、微阵列CGH	人类数据：无预期。非人类数据：除了新合成的序列数据外，没有预期（除非是包含在2级中的一致序列文件）；新合成序列数据的预期提交时间不晚于首次出版日期	人类数据：暂无。非人类数据：不晚于首次出版日期；会针对特定的数据类型或NIH项目设定更早的发布日期
2级	用于清洗数据和评估基本质量测量的首轮分析或计算之后的数据	与参考序列或新合成序列进行整体对比的DNA序列、RNA表达谱	人类数据：特定项目，一般在数据生成后的3个月内，数据清洗和质量控制之后。非人类数据：数据提交不晚于首次出版日期；会针对特定的数据类型或NIH项目设定更早的发布日期	人类数据：在发起数据提交后累积到6个月时或首次接受出版之时，择先采纳。非人类数据：不晚于首次出版日期；会针对特定的数据类型或NIH项目设定更早的发布日期

第 3 章 美国国立卫生研究院基因组数据共享政策补充信息 43

续表

层级	数据处理整体描述	数据类型举例	数据提交预期	数据发布时间线
3级	分析识别基因变体、基因表达模式或其他数据集特征	SNP 或结构化的变量调用、表达式峰值、表观基因组学数据特征	人类数据：特定项目；一般在数据生成后的 3 个月内，数据清洗和质量控制之后。 非人类数据：数据提交不晚于首次出版日期；会针对特定的数据类型或 NIH 项目设定更早的发布日期	人类数据：在发起数据提交后累积到 6 个月时或首次接受出版之时，择先采纳。 非人类数据：不晚于首次出版日期；会针对特定的数据类型或 NIH 项目设定更早的发布日期
4级	与基因组数据有关的表型或其他生物状态的最终分析	基因型－表型关系、RNA 表述关系或生物状态表观基因组学数据模式	人类数据：在完成分析后提交数据。 非人类数据：数据提交不晚于首次出版日期	人类数据：数据随出版物一起发布。 非人类数据：不晚于首次出版日期

3.4.1　0 级数据

这些数据是指原始的图像，通常对于二次数据用户来说价值有限。NIH 政策不期待这些数据的提交。

3.4.2 1级数据

这些数据是指初始测序片段，通常对二次数据用户来说价值有限。除了新合成的非人类生物体序列数据外（除非是包含在2级里的一致序列文件），NIH政策不期待此类数据的提交。基于阵列的数据，例如，基因表达数据、ChIPchip数据、ArrayCGH数据和SNP阵列数据可以以1级数据的形式提交至GEO，直到描述数据的手稿被发布之后才能提供获取。如果研究人员选择提交1级人类数据至NIH指定的数据知识库，通过保证数据提交符合所有适用的国家、部落和州法律法规及相关机构政策和GDS政策的要求，以此来保护参与者的隐私，是提交机构的责任。

3.4.3 2级数据

这些数据以高阶组装或依据参考模板布置序列读取的形式构成一项完整的分析。2级文件包含"堆积"在参照基因组之上的测定序列。同样，包含未标明的测定序列的文件[如二进制排列矩阵（Binary Alignment Matrix，BAM）文件]也可以提交。GWAS和其他类型的项目（如RNA表达谱或新合成的序列）也会产出2级布置或组装文件。

2级数据的制备通常需要大量的数据清洗、分析和质量检验，会涉及目标区域的覆盖广度和组装精度。允许花费大量时间去清洗数据，去除没有关联或劣质的序列，完整的质量控制分析和生成组装,取决于项目或调查小组指定的覆盖范围和质量门槛。预计这项工作通常会在3个月内完成,数据提交会紧随其后,但也会根据数据类型或特定的方案设计而有所变化。

在人类数据提交开始后,数据会被保管在一个交换区域,只允许提交的研究人员和合作者在一段时间内访问,但不超过6个月。度过这段排他期之后,数据将被用于研究目的的访问,没有出版限制。

表型或临床数据应当在最佳时机提交至NIH指定的数据知识库,但不晚于2级基因组数据(或2级和3级GWAS数据集)提交日期,尤其是那些表型数据已经被全部收集起来的研究。对于正在进行表型数据收集或定期更新的研究,考虑到确保数据准确性的实际需求,数据文件应当尽可能早地提交至NIH指定的数据知识库,一般来说,时间不应当超过数据清洗开始之后的3个月。

3.4.4　3级数据

这些数据包括对识别变体的分析或对阐明基因组数据集其他特征的分析,如RNAseq分析中的基因表达模式。3级数据可由单一的2级数据文件生成(变体位点与人类参照组基因),但往往从测序程序集的汇编中得来(如在对特定癌症类型基因学习的情况下)。3级文件的数据提交预期会根据项目进行大幅变化,因此需要和 NIH 项目人员磋商。与 2 级数据提交一样,有关人类数据的 3 级文件将被标明日期,数据生产者所要求的排他期将不超过 6 个月,在排他期过后,数据集将酌情通过无限制获取机制或可控获取机制的形式进行发布,没有出版限制。

3.4.5　4 级数据

这些数据构成了最后的分析,涉及表型基因组数据集或其他和研究目标相关的生物状态基因组数据集。该层级的数据是项目结果或出版物数据集。研究人员应该在出版之前提交这些数据,提交的数据将在出版的同时进行发布。

>>>>>> **第 4 章**
美国国立卫生研究院基因组数据共享政策草案公众咨询评议会

4.1 公众评议会的流程概述

①本次公众评议会的简介。
② NIH 和数据共享:简要回顾历史文件和事迹。
③ GDS 政策草案概述。
④问答环节。
⑤公众评议会的总结。

4.1.1 数据共享支撑着 NIH 的使命和发展优先级

数据共享通过以下措施来实现知识最大化,以支撑 NIH 的使命。

①提高可用于科研的数据的质量。
②确保一项研究所产出的数据能被用于探索各种额外的研究问题。

③组合多重研究使得数据增加统计功效和科学价值。

④提高科研成果的可再现性。

⑤促进科研方法和工具的创新。

⑥保证科研的正直操守。

4.1.2 数据共享政策扩展的动力

①大规模基因组数据的产生。得益于DNA测序和其他高通量技术的发展，以及测序成本的显著降低，NIH能够对生成大规模全基因组关联分析数据（Genome-Wide Association Study，GWAS）和其他类型基因组数据的研究提供资助。

②呼吁扩大公共部门和私营部门的数据共享。2013年2月，白宫倡导增加联邦资助科学研究成果的获取。公共规则修正案（ANPRM，2011年7月）支持生物标本和数据共用最大化的共识。NIH发布了从大数据到知识的倡议（BD2K）。

③尊重参与者的利益和意愿。

4.2 NIH和数据共享：简要回顾历史文件和事迹

4.2.1 共享文化

NIH有着促进数据共享的悠久历史，以下是NIH发布的一些文件。

① 1999 年发布了《科研工具指南》。

② 2001 年发布了《资助政策共享指南》。

③ 2003 年发布了《数据共享政策》。

④ 2004 年发布了《模式生物政策》。

⑤ 2007 年发布了《GWAS 政策》。

4.2.2 需要更宽泛的政策

①全基因组分析展现了一种途径，通过该途径可以促进对常见疾病的理解（如糖尿病、癌症、心脏病）。

②生成的数据远多于单独一个研究员或合作团队所能充分探索的范围；可能会被问到很多不同的问题；交叉研究分析是可能存在的，增强了解决复杂问题的能力。

③将对参与者的保护扩展到除 GWAS 之外的其他类型基因组数据。

④一个包罗万象的政策框架可以促进数据的一致和可靠共享，可以更好地服务于公众。

4.3 NIH 基因组数据共享政策草案概述

4.3.1 GDS 政策草案——主要构成

①范围和适用性。

②生效日期。

③提交基因组数据的研究者的职责包括：数据共享计划、数据提交预期和时间表、数据知识库、知情同意、机构认证、预期免责。

④获取和利用基因组数据的研究者的职责包括：请求获取受控获取数据、数据利用致谢。

⑤知识产权。

4.3.2 GDS 政策草案——范围和适用性

①所有 NIH 资助的、涉及非人类组织或人类受测者的研究所产出的基因组、宏基因组学数据、表观基因组学数据，或者来自高产出测序设备或基因分型平台的转录组学数据。例如，从传染性生物体隔离出来的数以万计的序列数据；来自多个基因或在 100 多个参与者体内的基因大小区域抽取出的序列数据；来自 10 000 多个基因的数据，或某个参与者多个区域的数据（如全基因组测序）；来自 100 多个参与者的 100 000 多个变体点的数据。

②适用于所有融资机制（拨款、合同或 NIH 内部支持）；没有成本的最低门槛。

③NIH 将会定期审核 GDS 政策的适用范围，并在必要时做出调整。

4.3.3　GDS 政策最终生效日期

①最终版 GDS 政策发布之后 60 天，于 2014 年生效。

②应当适用于 2015 年提交，从而申请 2016 年财政资助的研究计划。

4.3.4　GDS 政策草案——提交数据的研究人员的职责

①寻求资助的 PI 应当联系合适的 NIH 项目官员，讨论共享预期和时间表。

②符合 GDS 政策的计划应该被纳入资助申请的数据共享部分，计划应该包含支撑共享的必要资源。

③NIH 内部 PI 应当联系其 IC 领导或 OIR 以寻求指导。

2007 年的 GWAS 政策和 2014 年的 GDS 政策草案在范围、资源、提交、发布 4 项要求上的异同如表 4-1 所示。

表 4-1　GWAS 和 GDS 之间的关键区别

	GWAS 政策	GDS 政策
范围	适用于人类 GWAS 数据	适用于所有基因组数据类型，人类的和非人类的
认同标准：现有资源（政策生效前）	如果研究允许，IRB 审核一致性。如果不存在研究许可，数据仍旧提交至 NIH 数据库	与 GWAS 政策要求一样

续表

	GWAS 政策	GDS 政策
认同标准：未来资源（政策生效后）	政策中没有记录，但前言中声明"NIH 期望在知情同意过程和文档化范围内开展特定讨论，参与者的基因型和表型数据将通过 NIH GWAS 数据知识库进行用于科研目的的共享"	研究样本或细胞株应该同意用于科研利用和广泛数据共享。可以请求免责。知情同意应该解决数据是否应该以开放或可控获取的方式共享
数据提交	质量控制过程一完成就进行数据提交	时间表依据数据类型而变化，但通常是在质量控制过程完成时提交
数据发布	直接进行数据发布。12 个月的出版时滞期	延迟 6 个月进行数据发布。没有出版时滞期

4.3.5 GDS 政策草案——非人类基因组数据

①鼓励稳定的数据共享实践。

②共享预期与现行方法和近期联邦政策方案相一致，如 NIH 模式生物政策、白宫倡议。

③现有资源和数据库将维持标准的共享机制。

④针对不同的数据类型或项目类型，IC 应该弹性调整对科研项目的预期，如出版前的微生物数据、不晚于出

日期的模式生物数据。

为了让各个利益相关方能够更好地理解上述 GDS 政策草案的条文，以便进行公众评议会，在会议文件中，选取了"受控获取人类基因组数据管理"的流程图作为示例（图 4-1）。

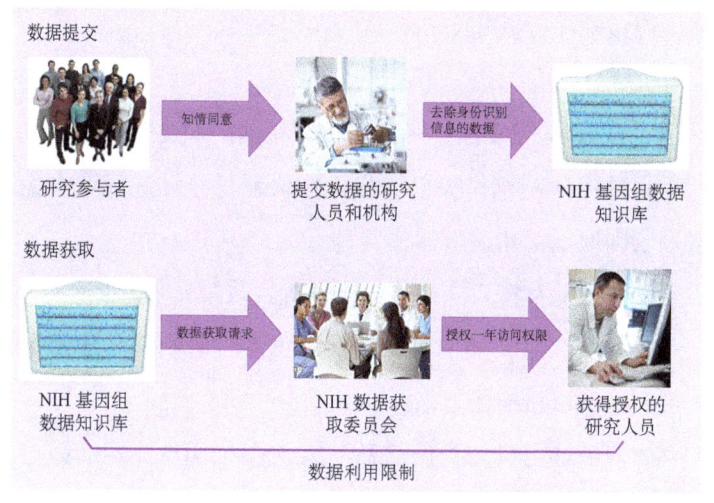

图 4-1　受控获取人类基因组数据管理流程

4.3.6　GDS 政策草案——知情同意预期

①对用作研究的数据的广泛共享要设定明确一致的预期，这些数据来自政策生效日期之后生成或收集的样本或细胞株数据。

知情同意过程和文档应该解决数据是以开放获取还

是可控获取的方式共享的问题。除非有令人信服的科学原因,即使是已消除标识信息,对生效日期之后生成或收集的临床样本数据和细胞株数据的利用都期望能得到同意。

②允许对政策生效日期之前生成或收集的临床样本数据或细胞株数据进行持续利用。

对于生效日期之前收集的样本数据,由 IRB 进行评估,应该确保数据提交和知情同意相一致。

4.3.7　GDS 政策草案——数据提交机构的职责

为数据提交机构提供一份机构认证,并且进行正式签署,以确保以下几项内容。

①数据提交符合法律、规定和机构政策要求。

②知情同意文档中有关数据的正当科研利用和任何不被接受的利用被描述出来。

③研究参与者的身份信息不能披露给 NIH 指定的数据知识库。

④ IRB 已经审议了研究者的数据提交申请。

4.3.8　GDS 政策草案——审议数据提交的 IRB 的职责

①数据提交前,IRB 对申请书进行评审,以确保:

用于样本或数据收集的申请书符合面向人类学科研究的联邦法规要求;

用于科研目的的数据提交和共享符合知情同意要求；

考虑到与提交至 NIH 指定知识库的数据相关的个人及其家人、团体或人群所面临的风险；

针对消除识别信息的数据集的 PI 计划，符合 GDS 政策标准要求。

②对于生效日期之前收集的样本或数据的研究利用，NIH 期望在提交之前由 IRB 进行评估。

4.3.9 GDS 政策草案——数据提交和数据发布预期

具体内容如表 4-2 所示。

表 4-2 GDS 政策草案——数据提交和数据发布预期

层级	数据处理整体描述	数据类型举例	数据提交预期	数据发布时间线
0 级	仪器平台直接生成的原始数据	仪器图像数据	无预期	无
1 级	初始测序片段、原始输入数据基本转化后的最基础形式的数据	DNA 测序片段、ChIP 测序片段、RNA 测序片段、SNP 阵列、微阵列 CGH	人类数据：无预期（除非是包含在 2 级中的一致序列文件，如 BAM）。非人类数据：除了新合成的序列数据外，没有预期	人类数据：暂无。非人类数据：不超过 6 个月

层级	数据处理整体描述	数据类型举例	数据提交预期	数据发布时间线
2级	用于清洗数据和评估基本质量测量的经过首轮分析或计算之后的数据	与参考序列或新合成序列进行整体对比的DNA序列、RNA表达谱	特定项目、通常在数据产生之后3个月内	在发起数据提交后的6个月内或首次接受出版之时,择先采纳
3级	分析识别基因变体、基因表达模式或其他数据集特征	SNP或结构化的变量调用、表达式峰值、表观基因组学数据特征	特定项目、通常在数据产生之后3个月内	在发起数据提交后的6个月内或首次接受出版之时,择先采纳
4级	与基因组数据有关的表型或其他生物状态的最终分析	基因型-表型关系、RNA表述关系或生物状态表观基因组学数据模式	在完成分析后提交数据	数据随出版物一起发布

4.3.10 GDS 政策草案——获取/利用数据的 PI 的职责

① 为了下载或利用受控获取数据,PI 要求必须申请访问。

② PI 承诺下载并认同由其官方机构签署的数据利用认证,认证包含以下条款和条件:

仅将数据用于得到认可的研究;

保护数据机密性;

遵循适用的数据利用法律、条例和政策;

不要尝试再次识别单个参与者的身份;

不要与没有列在数据访问请求列表中的个人共享数据;

同意立即将违反GDS政策的行为报告给相应的NIH数据获取委员会;

向NIH提供研究相关的年度更新。

4.3.11 GDS政策草案——获取/利用数据的PI的职责(禁止事项)

① PI同意遵守NIH用户行为准则。

② 对于利用数据(经由NIH指定数据知识库获取)所产出的研究成果,有关这些成果的任何出版、呈现或其他公共报道,PI同意进行致谢:

提交该数据的原始PI;

支持初始研究的资助机构;

数据集及其登录号(如phs000###);

从中获取数据的NIH数据知识库。

4.3.12 知识产权

① 根据美国最高法院的判断,在美国,自然生成的 DNA 序列是不可能存在的。

② GDS 政策草案认为,NIH 指定知识库中的基本序列数据和相关信息(基因型、单体型、p 值、等位基因频率)是具有"超前竞争力"的。

③ 这些数据和任何衍生出的结论应该保持可自由获取,没有许可要求。

④ 不鼓励利用专利来封锁对基因型–表型数据的获取。

>>>>>> **附录 A**

美国国立卫生研究院基因组数据共享政策管理框架图

NIH GDS 政策管理框架如图 A-1 所示。

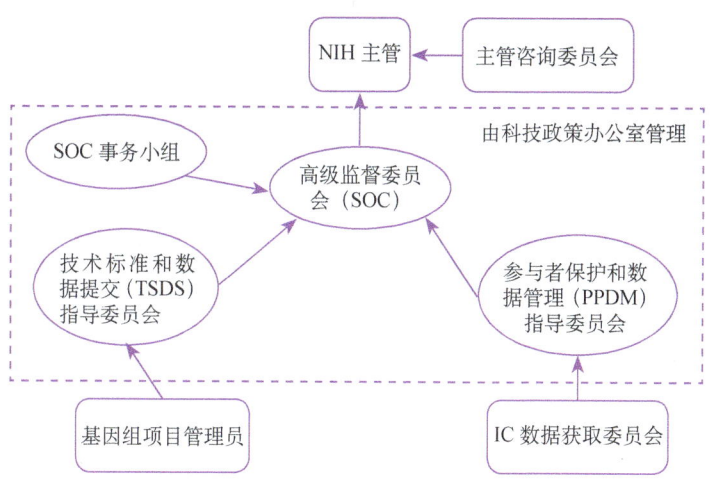

图 A-1 NIH GDS 政策管理框架